PETIT
ABÉCÉDAIRE
D'HISTOIRE
NATURELLE.

CHATILLON-SUR-SEINE,
C. CORNILLAC, IMPRIMEUR-LIBRAIRE.

1839.

a	b	c
d	e	f
g	h	ij
k	l	m

n	o	p
q	r	s
t	u	v
x	y	z.

A B C D
E F G H
IJ K L M
N O P Q
R S T U
V X Y Z.

— 6 —

✠ A B C D
E F G H I
J K L M N
O P Q R S
T U V X Y
Z.

✠ a b c d e
f g h i j k
l m n o p q
r s t u v x
y z.

Vo-yel-les.

a, e, i, o, u, y.

Con-son-nes.

b, c, d, f, g, h, j,
k, l, m, n, p, q, r,
s, t, v, x, z.

Diph-ton-gues.

æ, œ, ai, au, ei,
eu, ay.

Let-tres dou-bles.

fi, ffi, ff, fl, ffl, w.

Let-tres ac-cen-tuées.

â ê î ô û. à è ì ò ù. é.

Chif-fres.

1 2 3 4 5 6 7 8 9 0.

SYL-LA-BES.

a	e	i	o	u
ba	be	bi	bo	bu
ca	ce	ci	co	cu
da	de	di	do	du
fa	fe	fi	fo	fu
ga	ge	gi	go	gu
ha	he	hi	ho	hu
ja	je	ji	jo	ju
ka	ke	ki	ko	ku
la	le	li	lo	lu
ma	me	mi	mo	mu
na	ne	ni	no	nu
pa	pe	pi	po	pu
qua	que	qui	quo	quu
ra	re	ri	ro	ru
sa	se	si	so	su

ta	te	ti	to	tu
va	ve	vi	vo	vu
xa	xe	xi	xo	xu
za	ze	zi	zo	zu

Ponc-tua-tion.

Point	(.)
Vir-gu-le	(,)
Point et vir-gu-le	(;)
Deux points	(:)
Point d'in-ter-ro-ga-tion	(?)
Point d'ad-mi-ra-tion	(!)
A-pos-tro-phe	(')
Trait d'u-nion	(-)
Guil-le-met	(«)
As-té-ris-que	(*)
Pa-ren-thè-ses	( )
Cro-chets	[ ]

Mots fa-ci-les à é-pe-ler.

Pa-pa	Chien	Cli-mat.
Ma-man	Rat	Dra-gon.
Bon-bon	Bal-lon	Flam-me.
Con-gé	Bou-le	Gre-lot.
Cou-sin	Pain	Trom-per.
A-mi	Cou-teau	Mai-son.
Pom-me	Bre-bis	Oi-seau.
Poi-re	Ce-ri-se	Rai-sin.
Vi-si-te	Lec-tu-re	Si-len-ce.

Mots ac-cen-tués à é-pe-ler.

Gâ-teau	Mê-me	Vô-tre.
Pâ-té	Paî-tre	Poè-me.
Pè-re	A-pô-tre	Mo-ï-se.
Pâ-tre	Gî-te	Sa-ül.
Bon-té	A-mi-tié	Va-ni-té.
Pi-tié	Maî-tre	Pro-cès.

Phra-ses à é-pe-ler.

J'ai-me mon pa-pa. Je se-rai bien sa-ge, et l'on m'ai-me-ra bien. J'i-rai me pro-me-ner tan-tôt, si le temps est beau.

Quand j'au-rai bien lu ma le-çon, on me don-ne-ra du bon-bon et des dra-gées que je man-ge-rai.

Les cou-teaux cou-pent; les é-pin-gles pi-quent; les chats é-gra-ti-gnent; le feu brû-le.

Voi-ci un che-val, il a qua-tre jam-bes; les oi-seaux n'ont que deux jam-bes; mais ils ont deux ai-les, ils vo-lent.

Les pois-sons ne vo-lent pas, ils na-gent dans l'eau; les poissons ne pour-raient pas vi-vre dans l'air.

Le-vez la tê-te, vous ver-rez lui-re le so-leil.

C'est Dieu qui a fait le so-leil: Dieu a fait tout ce que nous vo-yons; il est le maî-tre de tout; il sait tout.

Pour plai-re à Dieu, un en-fant doit o-bé-ir à ses pa-rents, et s'ap-pli-quer à bien li-re.

Il faut que cha-cun tra-vail-le: ce-lui qui ne tra-vail-le pas ne mé-ri-te pas de man-ger.

L'AUTRUCHE.

Cet oiseau habite les déserts de l'Afrique et de l'Éthiopie. Ses aîles ne lui servent point à voler, mais à donner plus de vivacité à la rapidité de sa course. La chasse de cet oiseau est un des plus grands plaisirs des princes africains; elle se fait après la mue. L'oiseau est alors plus vigoureux et ses plumes sont dans leur beauté. On vient au rendez-vous dans les plaines, monté sur d'excellents chevaux barbes, et on amène des lévriers. L'autruche lancée court avec la plus grande rapidité, cherche à se sauver dans les montagnes; poursuivie de près, elle fait des détours si brusques, qu'il faut être un excellent cavalier, pour la suivre dans tous ses mouvements. Sans les lévriers qui lui barrent le chemin, on ne pourrait guère parvenir à la joindre. Les autruches pondent jusqu'à douze ou quinze œufs très-bons à manger. Leur coquille est si épaisse qu'on peut s'en servir comme de vase de porcelaine.

L'ANE.

Cet animal diffère beaucoup du cheval, par la petitesse de sa taille, par ses longues oreilles, par sa queue qui n'est garnie de poil qu'à l'extrémité, par son port qui n'a point la noblesse de celui du cheval, par son braire désagréable : on lui reproche plusieurs vices dans le caractère; mais combien de qualités utiles rachètent ses défauts! Il est sobre, tempérant, on le met à tout, il est dur et patient au travail; c'est la ressource des gens de campagne qui ne peuvent pas acheter un cheval et le nourrir. Malgré ses nombreux services, l'âne est chez nous un objet de mépris, parce qu'il est lent et têtu. Les Arabes en ont un aussi grand soin que de leurs chevaux. Ils les dressent à aller l'amble; ils leur fendent les naseaux, pour qu'ils puissent respirer plus aisément dans la vitesse de leur course, qui est aussi vive que celle des chevaux.

LE CHEVAL.

Le cheval, en sortant des mains de la nature, est jaloux de sa liberté, fier de son indépendance, pétulant, mais sociable. Les chevaux sauvages vivent en troupes. Il règne entre eux de l'union, de l'amitié. Leurs mœurs sont simples; leur tempérament frugal. A l'aspect d'un homme, ils s'arrêtent, le regardent d'un œil curieux, mais sans effroi. L'un d'eux s'avance, fixe sur lui un regard orgueilleux, souffle des naseaux, prend la fuite, et la troupe le suit d'un pas léger. L'homme, toujours industrieux, a soumis à son empire cet animal indocile. Le cheval, pris dans des lacs de corde et dompté par le besoin, est devenu susceptible d'éducation. En perdant sa liberté, loin d'avoir perdu sa noblesse et sa force, il a acquis les grâces et le sentiment. Dans les travaux domestiques, infatigable, il partage avec son maître l'ardeur du soleil, la rigueur du froid, les fatigues du voyage et d'un exercice violent.

LE CHIEN.

C'est l'animal domestique le plus docile et le plus utile à l'homme. Il est susceptible d'éducation. Il suit partout son maître, lui fait compagnie, le flatte, le caresse, et il est toujours prêt à le défendre au péril de ses jours. Sans aucune volonté, il obéit sans résistance. S'il fait une faute, il vient avec docilité en recevoir le châtiment, et lèche la main qui le frappe. Rien ne peut corrompre sa fidélité. Toujours il retourne à son maître. Insensible aux appas d'une condition meilleure, il reste attaché au maître le plus pauvre, le plus indigent, le plus misérable. Ses différentes manières d'aboyer, son maintien, ses gestes, ses yeux, le mouvement de sa queue, sont le langage le plus expressif des sentiments de son âme. L'affection, la reconnaissance, les regrets de l'absence, la joie du retour, les désirs, se manifestent au dehors avec le plus grand éclat.

LE COQ.

Cet oiseau dont la contenance est fière, la démarche grave, le naturel hardi et courageux, se distingue aisément de la poule, qui est sa femelle, par la beauté de sa taille, par sa crête charnue d'un rouge vif, par la richesse, la variété de son plumage et par le contour agréable des plumes de sa queue. Son chant est l'horloge de la campagne jour et nuit. Le coq est doux, complaisant et attentif pour les poules; il les avertit du danger, les appelle pour partager avec lui sa bonne fortune, pousse même la générosité jusqu'à la leur abandonner tout entière. Si l'on contrefait le chant du coq, il est inquiet, en alarmes, rassemble ses poules, veille sur elles avec assiduité. Le combat du coq est le spectable chéri des Chinois et des Indiens. En Angleterre, ces sortes de combats attirent un grand concours de spectateurs.

L'ELEPHANT.

L'éléphant surpasse en grosseur tous les quadrupèdes connus. Sa tête est monstrueuse, ses oreilles sont longues, larges et épaisses. Son nez, qu'on appelle trompe, est une espèce de tuyau flexible en tous les sens et assez long pour toucher à terre. Avec le rebord de cette trompe qu'il ferme comme un doigt, il peut saisir les choses les plus petites, dénouer des cordes et déboucher une bouteille. Il peut aussi arracher des arbres, et d'une secousse faire une brèche à une muraille. Sa mâchoire supérieure est garnie de deux longues dents d'où l'on tire l'ivoire. Cet animal est très-susceptible d'affection et de docilité. Les éléphants sauvages vivent ordinairement en société dans les vastes solitudes des forêts. Ils ne s'écartent guère les uns des autres, afin de se porter du secours. Les chasseurs n'osent attaquer que ceux qui sont écartés de la troupe.

LE LION.

Le lion, par sa majesté, sa fierté, sa force, mérite la qualité qu'on lui donne de *roi des animaux*. Sa patrie est l'Asie ou l'Afrique. Une longue et rude crinière, qui devient plus belle avec l'âge, ombrage sa tête superbe. Sa queue longue d'environ quatre pieds, lui sert à terrasser et à briser l'ennemi qu'il veut atteindre. Un rugissement sourd est sa voix ordinaire : il est effrayant. Il n'attaque que par nécessité et lorsqu'il est tourmenté par la faim. Pris jeune, il peut s'apprivoiser et même s'attacher à ceux qui le soignent. Il n'est personne qui n'ait ouï parler de l'amitié qu'avait contractée un lion pour un chien qui avait été élevé dans sa loge. Au bout de quelques années le chien fut attaqué d'une maladie dont il mourut. Dans les premiers instants de sa douleur, le lion poussa de sombres rugissements et tomba dans une tristesse profonde, qui dura longtemps.

LE PLONGEON.

Cet oiseau aquatique a, comme les canards, de la peine à marcher, à cause de la position de ses pieds. Il y a des plongeons de mer et des plongeons de rivière ou d'étang. Le petit plongeon de mer est d'une odeur désagréable. Il a plus d'agilité dans l'eau que sur terre. Il ne s'élève guère au-dessus de l'eau, qu'il ne se replonge après avoir regardé de tous côtés. Cependant, dès qu'il a pris son essor, il vole fort longtemps.

En Laponie, l'on se coiffe et l'on fait des cordons de chapeau avec la peau du grand plongeon de mer de Terre-Neuve. Le *plongeon huppé et le grand-plongeon tacheté* méritent d'être remarqués. Celui de la Louisiane a l'instinct de se plonger, dès qu'il aperçoit la lumière du fusil. On l'appelle *mangeur de plomb*.

LE FORGERON.

M. de Cremy, passant vers minuit devant l'atelier d'un pauvre forgeron, entendit les coups redoublés de son marteau. Il voulut savoir ce qui le retenait si tard à l'ouvrage, et s'il ne pouvait gagner sa vie du labeur de sa journée, sans le prolonger si avant dans la nuit.

Ce n'est pas pour moi que je travaille, répondit le forgeron;

c'est pour un de mes voisins qui a eu le malheur d'être incendié. Je me lève deux heures plus tôt, et je me couche deux heures plus tard, tous les jours, afin de donner à ce pauvre malheureux de faibles marques de mon attachement. Si je possédais quelque chose, je le partagerais avec lui, mais je n'ai que mon enclume, et je ne puis pas la vendre car c'est elle qui me fait vivre. En la frappant chaque jour quatre heures de plus qu'à l'ordinaire, cela fait par semaine la valeur de deux journées dont je puis céder le produit. Dieu merci! la besogne ne manque pas dans cette saison, et quand on a des bras, il faut bien les faire servir à secourir son prochain.

Voilà qui est fort généreux de votre part, mon enfant, lui dit M. de Cremy; car selon toute apparence, votre voisin ne pourra jamais vous rendre ce que vous lui donnez.

Hélas! monsieur, je le crains pour lui plus que pour moi : mais je suis bien sûr qu'il en ferait autant, si j'étais à sa place.

M. de Cremy ne voulut pas le détourner plus longtemps de

ses occupations, et lui ayant souhaité une bonne nuit, il le quitta.

Le lendemain, ayant tiré de ses épargnes une somme de six cents francs, il la porta chez le forgeron dont il voulait récompenser la bienfaisance, afin qu'il pût tirer son fer de la première main, entreprendre de plus grands ouvrages, et mettre ainsi en réserve quelques deniers du fruit de son travail pour les jours de sa vieillesse.

Mais quelle fut sa surprise, lorsque le forgeron lui dit : reprenez votre argent, monsieur ;

je n'en ai pas besoin, puisque je ne l'ai pas gagné. Je suis en état de payer le fer que j'emploie; et s'il m'en faut davantage le marchand me le donnera bien sur mon billet. Ce serait de ma part une grande ingratitude de vouloir le priver du gain qu'il doit faire sur sa marchandise, lorsqu'il n'a pas craint de m'en avancer pour cent écus dans le temps où je ne possédais que l'habit que j'ai sur le corps. Vous avez un meilleur usage à faire de cette somme, en la prêtant sans intérêts au pauvre incendié. Il pourra, par ce moyen, rétablir ses affaires, et moi, je pourrai alors dormir.

M. de Cremy n'ayant pu malgré les plus vives instances, le faire revenir de son refus, suivit le conseil qu'il lui avait donné, et il eut le plaisir de faire le bonheur d'une personne de plus que dans le premier projet de son cœur généreux.

FABLE.

LA CIGALE ET LA FOURMI.

La cigale, ayant chanté
    Tout l'été,
Se trouva fort dépourvue
Quand la bise fut venue :
Pas un seul petit morceau
De mouche ou de vermisseau :
Elle alla crier famine
Chez la fourmi sa voisine,
La priant de lui prêter
Quelque grain pour subsister
Jusqu'à la saison nouvelle :
Je vous paîrai, lui dit-elle,
Avant l'oût, foi d'animal,
Intérêt et principal.
La fourmi n'est pas prêteuse ;
C'est là son moindre défaut ;
Que faisiez-vous au temps chaud ?
Dit-elle à cette emprunteuse.--
Nuit et jour à tout venant
Je chantais, ne vous déplaise.--
Vous chantiez, j'en suis fort aise.
Hé bien ! dansez maintenant.

N° 1.

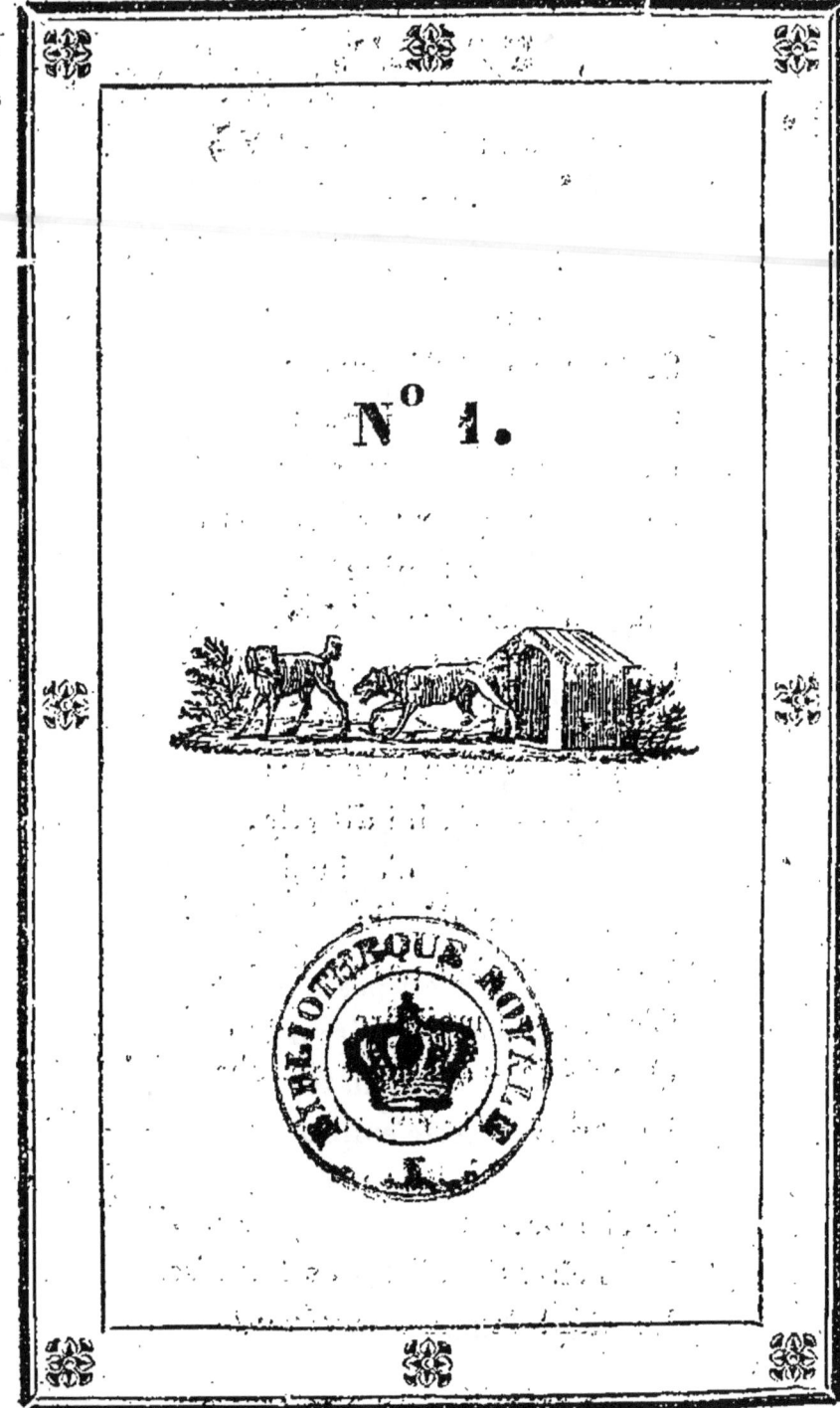

www.ingramcontent.com/pod-product-compliance
Lightning Source LLC
Chambersburg PA
CBHW060902050426
42453CB00010B/1543